LIBRO del ESPACIO
Preguntas y respuestas

Por Rosie McCormick

Contenido

Introducción

¿Qué quieres saber acerca del espacio?

La gente siempre ha hecho preguntas acerca del espacio. En este libro puedes encontrar respuestas a algunas de tus preguntas. Los científicos han encontrado muchas respuestas a sus preguntas con el uso de telescopios, naves espaciales y otras herramientas. Han hecho descubrimientos asombrosos pero todavía hay mucho más por explorar.

El espacio

¿Qué es el espacio?

Cuando miras al cielo nocturno, miras al espacio. El espacio está lleno de muchas cosas, entre ellas los planetas, las lunas, las estrellas y otros objetos. Una estrella es una bola de gas que emite luz y calor. Un planeta es un objeto grande que gira alrededor de una estrella. Una luna es un objeto que gira alrededor de un planeta.

¿Cuál es nuestro lugar en el espacio?

Vivimos en un planeta llamado Tierra. La Tierra gira alrededor del Sol, que es una estrella. Muchos objetos giran alrededor del Sol, entre ellos nueve planetas importantes. La Tierra es el tercer planeta más cercano al Sol.

la Tierra

Las estrellas

¿Qué hace brillar a las estrellas?

Las estrellas son enormes bolas de gas. Producen calor y luz. La mayoría de las estrellas parecen puntos brillantes porque están muy alejadas. No podemos ver sus colores verdaderos. Las estrellas más calientes son azules. Las estrellas de calor moderado son amarillas. Las estrellas más frías son rojas.

El brillo de una estrella depende de la cantidad de luz que produce. Cuanto más caliente es la estrella, más brilla. Las estrellas grandes son por lo general más brillantes que las estrellas pequeñas. Cuanto más cerca de la Tierra está una estrella, más brillante nos parece.

estrellas calientes

¿Por qué sólo vemos la mayoría de las estrellas de noche?

El Sol es la estrella más cercana a la Tierra. Está tan cerca que parece muy brillante. Durante el día el Sol es tan brillante que por lo general no podemos ver otras estrellas. A pesar que no podemos ver las otras estrellas y planetas durante el día, siguen estando en el espacio.

¿Qué son las constelaciones?

A veces la gente se imagina que las estrellas forman figuras en el cielo. A veces ven figuras de animales, de objetos o de personas. Las constelaciones son grupos de estrellas que forman estas figuras. Hace mucho, algunas personas les pusieron nombres como León, Escorpión y Cruz del Sur. Hay ochenta y ocho constelaciones que podemos ver en todo el cielo.

Escorpión

Cruz del Sur

León

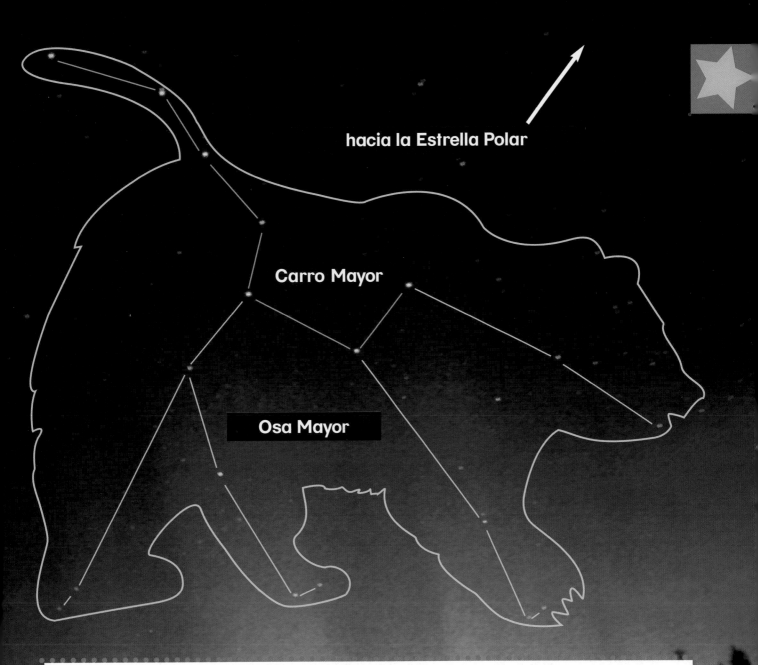

hacia la Estrella Polar

Carro Mayor

Osa Mayor

¿Cómo usan los observadores de estrellas las constelaciones?

Los observadores de estrellas usan las constelaciones para localizar estrellas individuales. Por ejemplo, una constelación se llama Osa Mayor. Contiene un grupo más pequeño de siete estrellas llamado Carro Mayor. Dos estrellas grandes en el Carro Mayor ayudan a encontrar la Estrella Polar. Algunas veces cuando la gente está perdida, usa la Estrella Polar para guiarse.

El Sol

¿Qué tipo de estrella es el Sol?

El Sol es una estrella amarilla. La temperatura en el centro del Sol es de más de 25 millones de grados Fahrenheit. Para una estrella, eso sólo es un calor moderado. El sol es mucho mayor que la Tierra. Más de un millón de Tierras podrían caber dentro de nuestro Sol. Sin embargo, comparado con otras estrellas, el Sol es de tamaño mediano.

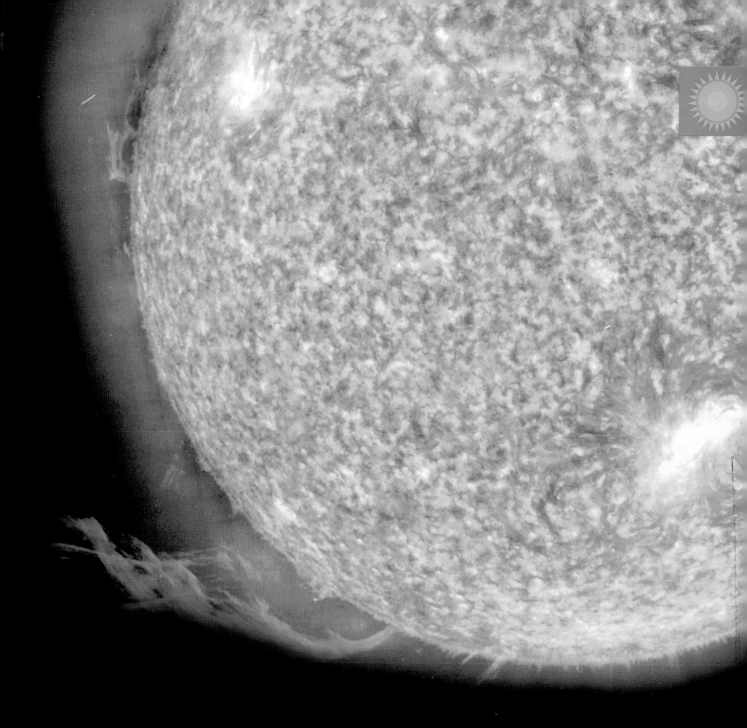

¿A qué distancia está el Sol?

El Sol está aproximadamente a 93 millones de millas de la Tierra. Si la Tierra estuviera más cerca del Sol, habría demasiado calor como para que se pudiera vivir en nuestro planeta. Si estuviera más alejada, habría demasiado frío.

La Luna

¿Cómo es la Luna?

La Luna es un objeto que gira alrededor de la Tierra. Como la Tierra, la Luna tiene rocas y tierra. La superficie de la Luna tiene muchos agujeros. Estos agujeros se llaman cráteres. También hay montañas en la Luna. En partes de la Luna la temperatura es más caliente que el agua hirviendo. En otras partes es más fría que el hielo.

¿Puede vivir gente en la Luna?

Por ahora no se puede vivir en la Luna. Las plantas y los animales necesitan aire para respirar y agua para beber. No hay aire ni agua en la Luna. Para vivir en la Luna, la gente debe llevar consigo aire y agua.

Los cráteres en la Luna varían en tamaño, de menos de una pulgada a muchas millas de diámetro.

¿A qué distancia está la Luna?

La Luna está aproximadamente a 238,000 millas de la Tierra. Si pudieras conducir hasta la Luna, tardarías meses en llegar allí. Si viajaras en una nave espacial, tardarías pocos días. La Luna es nuestro vecino más cercano en el espacio.

la Luna

la Tierra

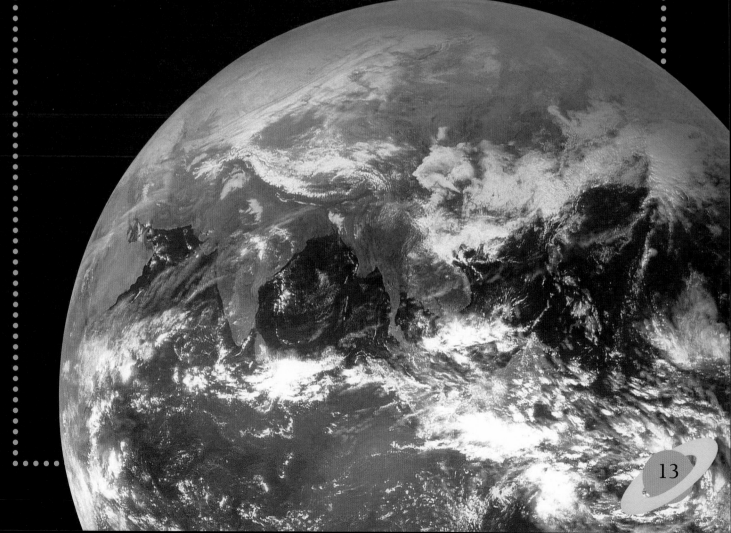

¿Cómo brilla la Luna?

Aunque la Luna brilla, no tiene luz propia. La luz de la Luna viene del Sol. El Sol ilumina a la Luna igual que ilumina a la Tierra. La parte de la Luna que se ve es la que ilumina la luz del Sol.

luz

el Sol

luz

la Luna

la Tierra

¿Por qué parece cambiar de forma la Luna?

La Luna viaja alrededor de la Tierra. Cuando la Luna gira, sólo puede verse desde la Tierra la superficie iluminada por el Sol. Esto hace parecer que la Luna cambia de forma. La Luna no cambia de forma. Es siempre una esfera, como una pelota.

Luna llena

cuarto menguante

cuarto creciente

Nuestro sistema solar

¿Qué es nuestro sistema solar?

Nuestro sistema solar está formado por el Sol y los objetos que giran a su alrededor. Hay nueve planetas principales en nuestro sistema solar. Muchos de ellos tienen lunas. Hay más de cien lunas en total. También hay millones de objetos más pequeños en nuestro sistema solar, como asteroides y cometas. Los científicos descubren constantemente objetos nuevos en nuestro sistema solar.

cometa

¿Qué es una órbita?

Una órbita es el trayecto que toma un objeto cuando viaja alrededor de algo. Cuando decimos que un planeta "orbita" el Sol, queremos decir que sigue una trayectoria, o camino alrededor del Sol. Todos los planetas de nuestro sistema solar orbitan el Sol. La Luna orbita la Tierra. Otras lunas orbitan otros planetas.

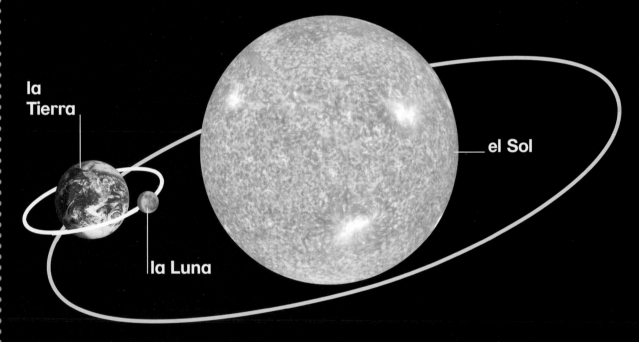

la Tierra

el Sol

la Luna

asteroide

¿Cuáles son los planetas en nuestro sistema solar?

Los nueve planetas principales en nuestro sistema solar son Mercurio, Venus, la Tierra, Marte, Júpiter, Saturno, Urano, Neptuno y Plutón. Plutón es el más pequeño y Júpiter es el más grande.

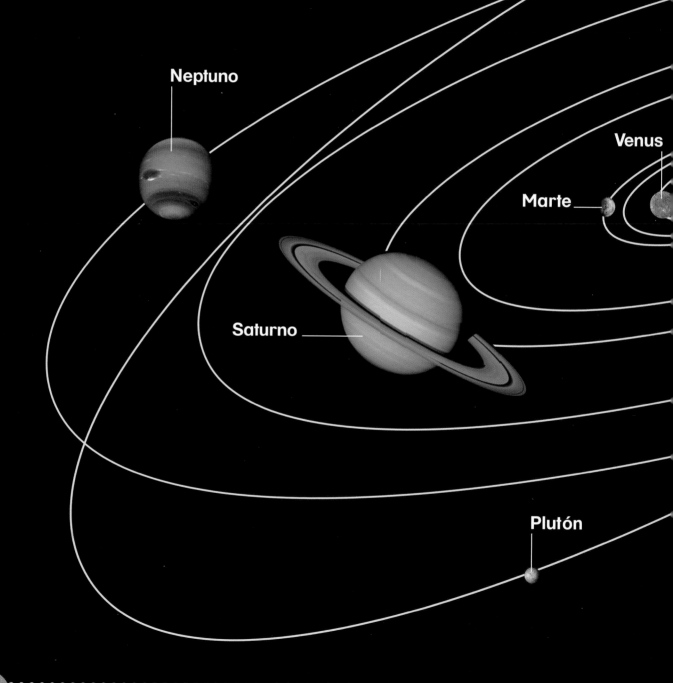

Neptuno

Venus

Marte

Saturno

Plutón

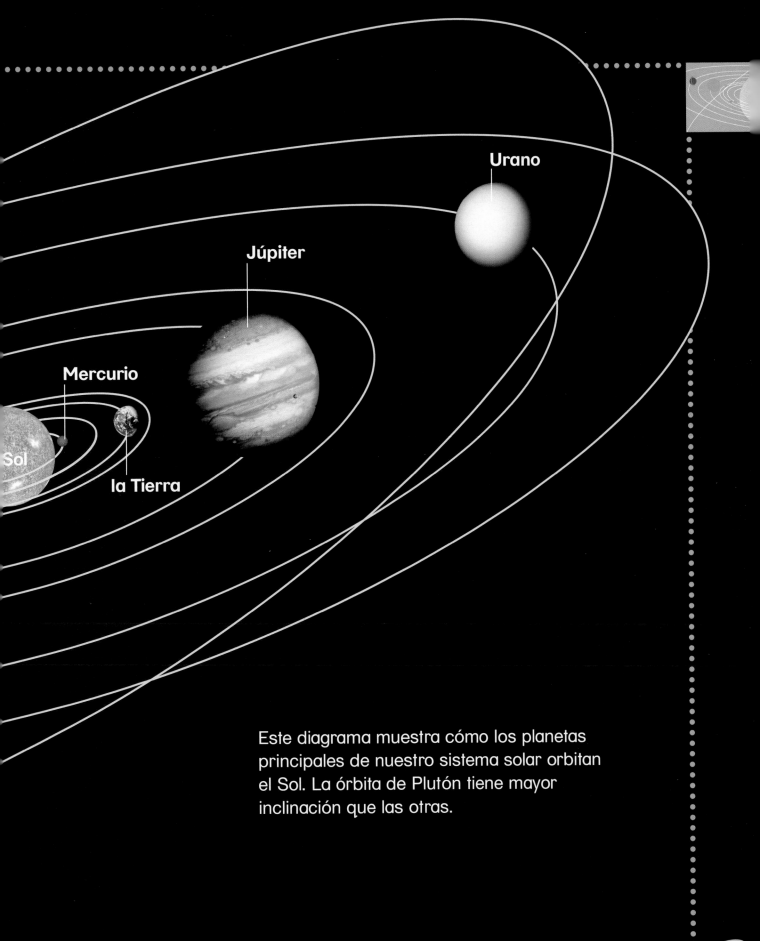

Urano

Júpiter

Mercurio

Sol

la Tierra

Este diagrama muestra cómo los planetas principales de nuestro sistema solar orbitan el Sol. La órbita de Plutón tiene mayor inclinación que las otras.

Explorando el espacio

¿Cómo se explora el espacio?

Hace mucho se exploraba el espacio mirando al cielo nocturno. Hoy los científicos todavía hacen esto, pero usan telescopios como ayuda para ver con más claridad. Los astronautas y las máquinas llamadas sondas espaciales exploran el espacio.

Estos telescopios en Mauna Kea, Hawai, toman fotografías de objetos en el espacio.

Los telescopios se usan para estudiar el espacio. Los telescopios hacen que los objetos que están lejos parezcan más grandes y brillantes. Nos permiten ver con más claridad lejos en el espacio. Algunos telescopios se usan para tomar fotos de planetas y estrellas.

Hoy en día, los científicos usan computadoras para controlar la mayoría de los telescopios. Algunos telescopios están en la Tierra. Otros, como el Telescopio Espacial Hubble, están en el espacio.

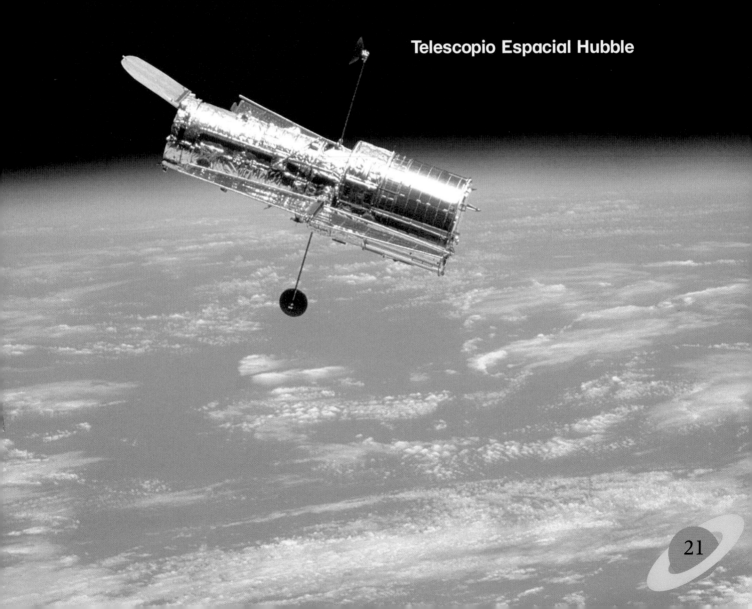

Telescopio Espacial Hubble

21

¿Qué son las sondas espaciales?

Las sondas espaciales son máquinas que estudian el espacio. Las máquinas van a los planetas y las lunas que están muy lejos. Las sondas recogen información y toman fotos de cerca que un telescopio en la Tierra no podría tomar.

Una sonda espacial que los científicos han usado se llama *Galileo*. La sonda espacial tomó fotos de volcanes en erupción en una de las lunas de Júpiter. La sonda envió la información y las fotos a los científicos en la Tierra.

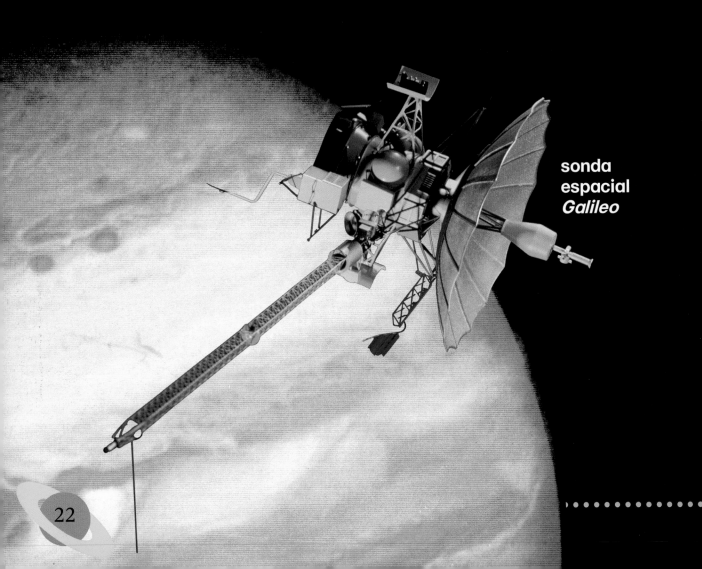

sonda
espacial
Galileo

¿Qué hacen los astronautas?

Los astronautas hacen nuevos descubrimientos cada vez que viajan al espacio. A veces reparan equipo en el espacio. Algunos astronautas viven a bordo de estaciones espaciales. Los experimentos que realizan ayudan a otros a aprender acerca del espacio y de la Tierra.

astronautas trabajan en el espacio

Acontecimientos claves en la exploración espacial

1957 Se lanza el *Sputnik I*. Es el primer objeto hecho por el hombre que orbita la Tierra.

1959 *Luna 2* es la primera nave espacial que aterriza en la Luna.

1961 El cosmonauta Yuri Gagarin es la primera persona que viaja al espacio. Viaja una vez alrededor de la Tierra el 12 de abril, en un vuelo que dura 108 minutos.

1968 *Apollo 8* es la primera nave espacial que vuela con seres humanos alrededor de la Luna y regresa a la Tierra.

1969 En la expedición del *Apollo 11*, el astronauta Neil Armstrong es la primera persona que camina en la Luna, el 20 de julio.

1981 Se envía al transbordador espacial *Columbia* a orbitar alrededor de la Tierra. Es la primera nave espacial que se puede volver a enviar al espacio.

1990 El transbordador espacial *Discovery* coloca en el espacio el Telescopio Espacial Hubble. Su propósito es estudiar los objetos en el espacio.

2000 La Estación Espacial Internacional se inaugura en noviembre. Astronautas y científicos de muchas naciones viven y trabajan en la estación espacial. Estudian cómo se vive en el espacio.